ACQUISIRE LA LEADERSHIP

Suggerimenti per motivare e ispirare i membri del team

50MINUTES.com

ACQUISIRE LA LEADERSHIP

Suggerimenti per motivare e ispirare i membri del team

scritto da Bertrand de Witte
tradotto par Sara Rossi

ACQUISIRE LA LEADERSHIP

- **Il problema:** Come diventare un leader esemplare?

- **Perché è utile?** La formazione in leadership vi permette di realizzare appieno il vostro potenziale come leader di uomini e quindi di rafforzare la motivazione dei vostri collaboratori e di raggiungere grandi obiettivi.

- **Contesto professionale:** Gestione del team, gestione aziendale

- **FAQ:**

  - Quali sono le 12 qualità essenziali di un leader?

  - Un manager può diventare un leader?

  - Un leader può diventare un manager?

  - Come posso creare fiducia nel mio team?

  - Come posso ristabilire il mio ruolo di leader se i giochi di potere hanno preso piede nel mio team?

  - L'esercizio della leadership è manipolativo?

  - Cosa deve fare un leader in un'organizzazione in cui la leadership non è valorizzata?

La leadership si manifesta in quattro aree principali: aziende private, associazioni, politica e forze armate. In questa sede ci concentreremo sulla leadership negli affari.

La leadership sul posto di lavoro è una qualità che dipende fortemente dalla cultura dell'azienda. Sempre più apprezzata, la leadership è ora inclusa nelle descrizioni delle mansioni, nelle valutazioni annuali e nei programmi di formazione. Molte aziende stanno sviluppando la leadership all'interno del proprio gruppo dirigente. Gli stessi dipendenti ambiziosi cercano di esercitare la loro influenza. La leadership è una vera risorsa per il team leader o per chi vuole diventarlo.

> *"Non sono lì per vedere cosa riportano i miei team o se stanno lavorando bene. Sono lì per assicurarmi che le persone abbiano compreso la loro missione, siano autorizzate ad avere successo, lavorino bene insieme e possano sviluppare i loro talenti. Facciamo due sondaggi all'anno per verificare se i manager sono dei veri e propri people manager e se i dipendenti rimangono ispirati e motivati".*
>
> Thierry Geerts – Direttore nazionale Google Belgio-Lussemburgo

Per evitare di commettere errori che potrebbero essere dannosi per la vostra carriera, questo libro vi offre numerosi consigli, illustrati da testimonianze di esperti e decision maker di un'ampia gamma di aziende. Armati di questi strumenti, potete migliorare le vostre pratiche professionali. Le vostre capacità di leadership saranno rafforzate e sarete in grado di condurre una carriera sana e progressiva. Vi renderanno un leader sicuro di sé e apprezzato dal vostro (futuro) team.

In questo numero analizziamo i concetti chiave per comprendere la leadership come viene vista oggi nelle aziende. Capirete come la leadership sia un vantaggio competitivo e quale sia la differenza tra gestione e leadership. Analizzeremo poi cosa rende leader e quali sono le competenze necessarie. Infine, vedremo che esistono diversi tipi di leader e diversi stili di leadership e di gestione dei team.

Il resto del libro è dedicato alla messa in pratica di questi elementi, attraverso consigli, una sessione di domande e risposte e, infine, l'applicazione di un metodo per dare impulso alla propria carriera evolvendo da manager operativo a manager leader.

LE BASI DI UN LEADER ISPIRATORE

LEADERSHIP NEGLI AFFARI

Leadership e gestione

I ruoli di leader e manager sono spesso confusi, quindi è necessario fare un po' di chiarezza. La distinzione tra management e leadership è stata fatta, tra gli altri, da Abraham Zaleznik (1976) e John P. Kotter (1999). Cosa dicono questi due autori?

- La gestione è l'uso dell'autorità per gestire risorse e vincoli al fine di produrre beni o servizi. Il manager si avvarrà quindi della sua autorità formale, un'autorità conferitagli dalla gerarchia e confermata dal suo mansionario: ha ricevuto la fiducia dei suoi superiori per svolgere determinati compiti. Il manager gestisce la complessità, organizza e controlla. Traduce i problemi in soluzioni. Pianifica e gestisce il suo team in una logica di breve e medio termine. È nell'operatività, nel funzionamento. Nel suo ragionamento, il manager utilizza generalmente domande che iniziano con "Come"?

- La leadership, invece, è la capacità di esercitare influenza per raggiungere gli obiettivi. Un leader è in grado di ispirare i propri collaboratori ad aderire a un'idea o a un progetto c di mobilitarli per raggiungere gli obiettivi prefissati. Ha una visione a lungo termine che condivide e attorno alla quale costruisce un team. Il leader cerca risposte a domande che spesso iniziano con "Perché"?

La leadership è quindi più emotiva della gestione. Il leader motiva i propri collaboratori creando un senso di appartenenza e dimostrando riconoscimento. Inoltre, gestisce abilmente il cambiamento affrontando l'incertezza. Le sue azioni diventano esempi da seguire e ispirano i suoi dipendenti a credere in lui e in loro stessi. Il leader traduce le cose in significato e coerenza. Fa sì che le persone vogliano seguirlo perché ispira fiducia.

Tuttavia, il confine tra manager e leader è ancora piuttosto sottile. I grandi leader intrecciano naturalmente le loro capacità manageriali e di leadership, non possono separarle l'una dall'altra.

"Al posto del termine "leadership" preferisco il termine "regia", che collega le nozioni di influenza, relazione, ascolto, autorità, fiducia, creatività, allineamento di azioni e parole, lavoro di squadra, azione, decisione e riflessione.

Pertanto, segmentare le parole distinguendo il leader dal manager non ha senso per me. Come comandante di una nave da combattimento impegnata per molte settimane in zone di crisi internazionali ho imparato a comandare, cioè a comandare nel vivo dell'azione, un momento che non consente più il dialogo, e a gestire, nel

Leadership e cultura aziendale

Una persona con un alto livello di leadership prospererà in una cultura aziendale che le dia ampio spazio per la creatività.

La leadership difficilmente può essere esercitata in un'organizzazione altamente taylorizzata, dove il lavoro è diviso, i compiti sono semplici e ripetitivi e i dipendenti sono supervisionati da un leader con potere coercitivo, all'interno di un sistema altamente direttivo. Il potere decisionale è accentrato al vertice della gerarchia, lasciando poco spazio all'iniziativa. Se la catena di montaggio simboleggia questo tipo di azienda, molti manager sfruttano ancora il taylorismo nelle loro pratiche di lavoro, sia nell'industria e nel commercio che nell'amministrazione.

Al contrario, le startup, le cosiddette aziende agili o liberate (Getz, 2012), si evolvono tenendo conto dell'instabilità e trovando rapidamente risposte innovative. In questo tipo di modello, la cultura aziendale valorizza l'iniziativa e l'innovazione. La leadership è collaborativa, condivisa in team autonomi e fedeli ai valori e alle finalità dell'organizzazione.

Naturalmente, tra questi due modelli opposti c'è la stragrande maggioranza delle organizzazioni, dove la leadership si esprime in vari modi. È quindi nell'interesse di un leader trovare un luogo che gli dia spazio all'azione e alla creatività.

La leadership come vantaggio competitivo

Avete competenze tecniche e/o manageriali? Per andare oltre, è necessaria anche la leadership.

In un mondo in continua evoluzione, dove l'adattamento e l'innovazione significano vantaggio competitivo – o sopravvivenza – le aziende sono più che mai alla ricerca di personalità capaci di produrre e guidare il cambiamento strategico. Oggi la globalizzazione e le nuove tecnologie costringono tutti noi, in un modo o nell'altro, a ripensare i nostri modelli operativi. Il cambiamento è diventato inevitabile e la sua frequenza sempre più regolare. Per rimanere competitivi, la gestione non è sufficiente. Le organizzazioni, nel senso più ampio del termine, hanno bisogno di uomini e donne con la creatività necessaria per affrontare l'incertezza, mobilitare le proprie risorse e creare significato in fasi di trasformazione organizzativa e/o in condizioni economiche sfavorevoli.

👁 Leadership in Nestlé

Nata da un'innovazione nel 1866 e attraverso un costante adattamento, Nestlé è diventata l'azienda leader mondiale nel settore alimentare, un ambiente particolarmente volatile.

Dal 1997, Nestlé ha pubblicato i suoi "Princìpi di gestione e leadership" come espressione tangibile della sua cultura aziendale, da applicare a tutti i dipendenti. La pubblicazione specifica i valori, i criteri di leadership, i princìpi e gli impegni del management del gruppo in materia di leadership.

In breve, i criteri sono: impegno personale, iniziativa, incoraggiamento, motivazione, curiosità, innovazione, adattamento e interculturalità. Pertanto, la selezione dei candidati interni per le posizioni di responsabilità dipenderà dall'applicazione di questi criteri, ma anche dalle loro capacità professionali, dall'esperienza pratica e dalla determinazione a raggiungere i risultati.

l'apprendimento continuo consente agli individui di crescere e svilupparsi in base alla loro area di competenza e alle loro capacità personali. Nestlé incoraggia i dipendenti a tutti i livelli a contribuire allo sviluppo dell'azienda apportando "miglioramenti che andranno a vantaggio sia dei risultati dell'azienda che dello sviluppo personale".

SIETE ASPIRANTI LEADER?

Un vero leader può essere identificato da quattro componenti: il suo ruolo all'interno di un gruppo, la sua visione, la sua aura, le sue capacità e i suoi talenti.

Ruolo in un gruppo

In qualità di leader, siete naturalmente al *comando*, cioè guidate il gruppo. Siete in grado di animare il gruppo introducendo innovazioni. Allo stesso modo, siete in grado sia di destrutturare elementi consolidati e abituali, sia di ristrutturare nuove composizioni in modo da renderle il più possibile legittime. Il vostro obiettivo è coinvolgere i membri del gruppo in un processo di cambiamento, confortandoli. Facilitate il passaggio da una zona di comfort (a volte ben consolidata) a una nuova, ritenuta necessaria. Il gruppo si muove nella foresta da un ramo all'altro. E, se c'è una caduta, si incoraggia, finché tutti sono convinti che il processo deve continuare.

Visione

Si mostra leadership perché c'è una crisi, un obiettivo importante da raggiungere o qualcosa che si vuole superare. La leadership si sviluppa nella sfida di un contesto. Avete identificato i problemi, vi sentite preoccupati e non potete farne a meno: vi sentite obbligati a impegnarvi. Gandhi, Luther King e Mandela sono leader di fama mondiale che hanno condotto una lunga lotta non violenta contro l'ingiustizia e il razzismo.

Aura

Il vostro carisma è noto all'interno dell'organizzazione. Interrogatevi sulla vostra popolarità: quali sono le vostre azioni, i vostri elementi distintivi che hanno contribuito a creare la vostra reputazione? Ogni momento e ogni particolarità costruiscono la vostra aura di leader. Siate sorprendenti nelle vostre performance come nelle vostre abitudini o nei vostri contrasti. Alcuni esempi illustri: le battaglie successive di Napoleone, il famoso "ti capisco" di Charles de Gaulle, i sigari emblematici di Churchill e Fidel Castro. Tutti possiamo raccontare una storia di successo e identificare le peculiarità di un grande leader di fama mondiale e di un leader che incontriamo nel mondo del lavoro, perché la sua aura colpisce.

Competenze e talenti

Il vostro successo è inscindibile dalla dimostrazione delle vostre capacità. Siate riconosciuti come una persona dotata, come un uomo o una donna competente, qualunque sia il campo in cui questa competenza si esprime. Siate anche bravi a circondarvi di persone con competenze complementari. La vostra competenza ispira chi vi circonda e vi conferisce credibilità. Oggi possiamo citare grandi innovatori nelle nuove tecnologie: Steve Jobs (Apple), Larry Page (Google), ma anche Richard Branson (Virgin Group), Ingvar Kamprad (Ikea), Taiichi Ōno (Toyota Production System), ecc.

Il leader deve combinare competenze professionali e personali (Kouzes e Posner, 2012).

- Competenze professionali
  - ° Il leader indica la strada, cioè spiega chiaramente lo scopo del viaggio: ci sono un ideale da raggiungere e dei valori da difendere.
  - ° Ispira una visione condivisa. Esprime le sue alte aspirazioni e risponde alla domanda "Cosa vogliamo diventare"?
  - ° Il leader cerca di spiegare la situazione attuale, di tradurre le cose in modo strutturato per identificare le opportunità. Sviluppa una tattica.
  - ° Sviluppa le condizioni per il successo. Incoraggia. Sempre positivo, è l'allenatore che dà consigli e fiducia.
  - ° Anche il leader dà una mano, soprattutto nei momenti difficili. Spiega che tutti i compiti sono necessari per raggiungere l'obiettivo e si sporca le mani per incoraggiare. L'esemplarità lo distingue dai seguaci.
- Competenze personali
  - ° Il leader ha potere sia sugli altri, che influenza, sia sull'organizzazione, di cui è uno dei principali attori nell'innovazione o nella gestione del personale.

- ° È autentico perché crede in ciò che fa. Inoltre, un leader che non è fedele ai propri valori viene rapidamente smascherato e screditato.
- ° È legittimato, perché ha esperienza.
- ° Grazie al suo carisma capisce, avvicina le persone, le motiva e le influenza. Ha una brillante intelligenza emotiva.

I DIVERSI TIPI DI LEADERSHIP

Gli otto archetipi di leader (Kets de Vries, 2008)

Secondo Kets de Vries, lo sviluppo della leadership può prendere otto direzioni. Questa tipologia consente di individuare il proprio stile di leadership e di identificare i propri punti di forza e di debolezza. Questi diversi orientamenti sono cumulativi ma, a causa delle situazioni della vostra vita, alcuni saranno più dominanti, altri più attenuati. Rafforzate la vostra leadership lavorando sui vostri punti deboli.

- **Leader costruttore**: è l'architetto di un grande progetto, persino di un piano colossale. Grande visionario, le sue ambizioni possono cambiare il mondo (anche a livello locale) superando le aspettative dei suoi contemporanei. La sua visione, spesso umanistica, si basa su valori.

- **Leader sociale**: il suo obiettivo è creare armonia intorno a sè, unire le persone collegandole a sè. Il capocantiere fa in modo che i membri del gruppo lavorino insieme su uno o più progetti; a differenza dell'architetto, il capocantiere non lavora principalmente su un singolo progetto.

- **Leader comunicativo**: senza essere necessariamente un maestro di retorica, si esprime e tocca le persone. Si sente a suo agio nel parlare in pubblico e nel difendere le sue idee.

- **Leader strategico**: un leader è strategico quando è in grado di escogitare metodi diversi per adattarsi a ogni situazione, raggiungendo i suoi obiettivi nonostante le azioni volte a sconvolgere i suoi piani. Risulta in grado di influenzare e trasformare le situazioni a suo vantaggio.

- **Leader catalizzatore**: dimostra di essere leader quando gli conviene; è un vantaggio per se stesso in grado di apportargli ulteriore sviluppo, prestazioni e potere.

- **Leader innovativo**: deve creare, è nella sua natura. Esplora, scopre, testa, migliora. Padroneggia l'aspetto tecnico delle cose. É pieno di creatività e sogna di essere riconosciuto come pioniere.

- **Leader/manager**: le sue abilità di gestione operativa completano la sua capacità di sfruttare la propria creatività e intelligenza emotiva.

- **Leader coach**: crede nelle capacità di ogni persona e cerca di svilupparne il potenziale.

Leadership guidata (Blake e Mouton, 1987)

Alcune persone sono più a loro agio nel guidare i team, altre sono più orientate alla produzione. A partire da questi due orientamenti generali, è possibile individuare cinque tipi principali di gestione, che comportano diversi stili di leadership.

- **Autocrate**: ha un alto interesse per la produzione e un basso interesse per le relazioni umane. Pianifica, controlla e dirige con particolare attenzione ai processi e agli obiettivi. Pretende l'obbedienza e punisce se le regole non vengono rispettate.

- **Laissez-faire**: poiché ha basso interesse sia per la produzione che per le relazioni umane, lascia il potere di agire ai membri del suo team, essendo comunque soddisfatto dei risultati. Con l'autoregolazione, crede che il gruppo troverà delle soluzioni. Evita le responsabilità e raccoglie i benefici senza impegnarsi. Il suo stile di gestione è quasi privo di leadership: è una sorta di anti-leader

- **Socialità**: dà la priorità all'andare d'accordo nel gruppo. Non si preoccupa eccessivamente della produzione. Non gli piace il controllo e preferisce compiacere gli altri soddisfacendo i loro bisogni.

- **Compromesso** (tra i due assi della produzione e delle relazioni umane): negozia per ottenere obiettivi facili da raggiungere e mantiene un clima sociale il più sano possibile, favorendo la motivazione piuttosto che impartendo ordini.

- **Integratore**: l'interesse per la produzione è pari a quello per le relazioni sociali. É un leader a tutto tondo perché, favorendo un clima di fiducia, crea un impegno genuino da parte del suo team per raggiungere gli obiettivi prefissati. Incoraggia e coinvolge il suo team nel processo decisionale sia a livello operativo che di controllo dei processi.

> *"Per ING Belgium non è importante solo il raggiungimento dei risultati aziendali. Tutti i dipendenti, così come tutti i dirigenti, sono valutati anche in base al raggiungimento di questi risultati, ossia in base alla loro capacità di essere responsabili e autonomi, di collaborare e aiutare i colleghi e di essere sempre un passo avanti in termini di servizio al cliente.*
>
> *Per ispirare i propri dipendenti a vivere concretamente questa cultura aziendale, il ruolo dei nostri leader è fondamentale. Sono uno dei primi vettori di questa dinamica positiva, perché il loro comportamento esemplare motiva i dipendenti.*
>
> *Nell'organizzazione mi imbatto in molti stili diversi di leadership. Una delle qualità più importanti per me è la loro dedizione allo sviluppo dell'organizzazione, non alla realizzazione delle loro ambizioni personali; la fiducia e l'autonomia che offrono ai loro dipendenti; la loro capacità di aiutare in modo concreto e di sostenere i loro team in caso di difficoltà".*
>
> Catherine Dedobbeleer – Responsabile di progetto HR, Efficacia organizzativa – ING Belgio

Guidare un team verso l'autonomia

Il livello di performance del vostro gruppo dipende in gran parte dal vostro stile di leadership. La teoria della leadership situazionale (Paul Hersey e Kenneth H. Blanchard, 1977) vi aiuterà a prendere le decisioni giuste in base alle variabili contestuali. Il vostro stile di leadership deve essere adattato al livello di maturità della persona o del gruppo, in modo che tutti possano acquisire autonomia. Esistono quindi delle fasi di maturità del gruppo e della vostra leadership.

- **Stile della direttiva**. Il primo livello. Si guida spiegando cosa fare e come farlo. Fornite risorse e feedback. Esso parla in termini di organizzazione, istruzione e controllo.

- **Stile persuasivo**. La fiducia e la comunicazione sono migliori rispetto al caso precedente. Formate e persuadete il vostro team mobilitando informazioni e argomenti. Le vostre storie guidano il team verso un obiettivo. Dimostrate, convincete e mobilitate. Ricordate: per convincere non c'è niente di meglio delle prove.

- **Stile partecipativo**. Una volta che il team è informato e pronto a mobilitarsi, coinvolgetelo nelle azioni e nelle decisioni. Questa fase consente di concentrarsi maggiormente sulla relazione piuttosto che sulla direzione e sul controllo. Lavorate con il team e negoziate con loro la condivisione delle responsabilità decisionali. State entrando in una fase in cui date al vostro team la possibilità di lavorare in modo indipendente. Ascoltate, consigliate e negoziate.

- **Stile delegante**. Continuate a trasferire le vostre responsabilità. La fiducia reciproca è rafforzata dalle esperienze positive. Date potere al vostro team e date loro spazio per operare di loro iniziativa. Tenete d'occhio ciò che avete trasmesso e lasciate che siano loro a rischiare. Per rimanere leader, i vostri team non devono essere totalmente coinvolti nelle (grandi) decisioni. L'aiuto regolare da parte vostra è molto apprezzato dai membri del vostro team. In caso di difficoltà, non rompete la fiducia e ricordate che anche voi avete una parte di responsabilità.

"Dalla sua creazione, ho contribuito all'espansione di EXKI, prima a Bruxelles, poi a Parigi e ora a New York. Per ogni sede, il mio ruolo è stato quello di creare rapidamente un team efficiente.

Nella mia esperienza ho potuto constatare che guidare un team verso l'autonomia significa incoraggiare la responsabilizzazione di ciascuno dei suoi membri, a partire dal team leader. Deve ricevere tutto il sostegno necessario ed essere gradualmente disimpegnato man mano che diventa più autonomo. Inoltre, ogni membro del personale deve comprendere la propria missione ed essere incoraggiato. A volte è difficile gestire tutto allo stesso tempo, ma quando il team diventa strutturato e responsabile, e tutti

La leadership si sviluppa attraverso l'esperienza. La leadership non è innata, si impara. I manager che vogliono fare carriera devono sviluppare le loro capacità di leadership.

I MIGLIORI CONSIGLI

- Lavorate sulla vostra **intelligenza emotiva**: esplorate voi stessi per conoscervi meglio, misurare meglio i vostri sforzi ed esprimere meglio i vostri desideri; essere pienamente consapevoli degli altri, capirli e relazionarsi con loro; controllare ed evacuare gli impulsi e gli stati d'animo che disturbano la vostra razionalità (ad esempio, non manipolare l'altra persona e non punire con rabbia).

 ## INTELLIGENZA EMOTIVA

L'intelligenza emotiva si riferisce alla capacità di percepire le proprie emozioni e quelle degli altri, di esserne consapevoli, di comprenderle e di lasciarle esprimere. Diventa così possibile regolare le proprie emozioni, quelle degli altri e del gruppo. Questa capacità è una risorsa innegabile nella vita professionale.

- Abbiate una **visione** chiara: guardate al futuro, pensate in modo globale e collettivo, ispiratevi e trasmettete la vostra visione. Traducete la complessità in una missione chiara, positiva e ambiziosa, con i passi possibili e le risorse disponibili: rendete il complicato semplice e facile, in modo che le persone si uniscano alla vostra causa.

- **Motivate** i vostri dipendenti. Comunicate i compiti da svolgere, incoraggiate l'iniziativa e fornite un feedback costruttivo, indipendentemente dal risultato.

Festeggiate i successi e divertitevi, anche durante le riunioni: questo rafforzerà il senso di appartenenza e l'orgoglio del gruppo.

- Siate un **esempio** per coloro che vi circondano: fate ciò che dite di fare e mantenete le vostre promesse; partecipate ai compiti di squadra e accettate le sfide; rimanete competenti e continuate a sviluppare i vostri talenti. Acquisterete fiducia e credibilità.

- Sforzatevi di ottenere **prestazioni**, per liberare tempo e risorse da utilizzare per continuare a progredire.

- Non abbiate paura del **cambiamento**: anticipatelo. Prendete tempo per riflettere e chiedere consiglio a chi vi sta intorno, e lasciatevi convincere se l'argomento è valido. Testate e innovate fino a trovare modi migliori per raggiungere i vostri obiettivi. Cambiate le vostre procedure. Evolvete rimanendo fedeli a voi stessi.

- Correte dei **rischi**. Nessuno raggiunge grandi risultati senza fallire. I leader sono noti per la loro capacità di riprendersi, di accettare gli errori e di imparare da essi.

- Sviluppate la vostra forza di **convinzione**. Sappiate come perorare la vostra causa in ogni momento. Mostrate il vostro talento di oratori per incoraggiare, convincere, (in)formare, negoziare, promuovere e difendere le vostre idee e il vostro team. Naturalmente, adattatevi al vostro pubblico. Mettete il cuore e l'entusiasmo nelle vostre parole. Stupite!

- Ricordate che **comunicare** significa innanzitutto ascoltare le esigenze dell'altro. Assicuratevi di aver compreso il loro punto di vista riformulando.

FAQ

QUALI SONO LE 12 QUALITÀ ESSENZIALI DI UN LEADER?

- Integrità

- Entusiasmo

- Carisma

- Esemplarità

- Buona memoria

- Visione

- Comunicazione

- Discernimento

- Spirito di decisione

- Capacità di delegare

- Capacità di rilassare l'atmosfera

- Capacità di reperire le risorse e di mobilitarle in modo efficiente/efficace.

UN MANAGER PUÒ DIVENTARE UN LEADER?

Ci sono manager che non danno prova di leadership e che fanno molto bene il loro lavoro. Non hanno necessariamente bisogno di una guida. Riescono a gestire molto bene i team e le attività di cui sono responsabili, senza però proporre idee innovative, influenzare o ispirare i propri collaboratori, compito che lasciano ai loro superiori. Ci sono aziende che si accontentano di manager operativi che non cercano di esercitare la leadership.

Naturalmente, un manager può diventare un leader dedicando del tempo a considerare l'aspetto emotivo della gestione di un gruppo di lavoro ed esercitando la capacità di generare impegno ed entusiasmo da parte dei suoi collaboratori. La leadership è qualcosa su cui si può lavorare e tutti possono sviluppare le proprie capacità di leadership se lo desiderano.

UN LEADER PUÒ DIVENTARE UN MANAGER?

Sì, ma attenzione, ci sono leader che sono incompetenti nella gestione. Non hanno necessariamente un senso di operatività, di concretezza, di organizzazione del lavoro. Un leader può quindi eccellere nel suo potere di influenza e di ispirazione, può essere in grado di dare nuove prospettive all'azienda, senza essere competente per la strutturazione del lavoro.

Essere manager e avere leadership sono quindi competenze complementari, sia che siano condivise da più persone sia che siano combinate in una sola.

La leadership è essenziale in un'organizzazione. I leader devono avere buonsenso, capacità e contribuire allo sviluppo dell'organizzazione.

Tuttavia, attenzione ai leader incontrollabili. Molto carismatici e convincenti, possono talvolta condurre la squadra in zone pericolose. I team leader non possono essere abbandonati a se stessi.

COME POSSO CREARE FIDUCIA NEL MIO TEAM?

Non si può guidare una squadra verso un obiettivo senza ottenere la sua fiducia. Ecco cinque dimensioni della fiducia da considerare (Schindler e Thomas, 1993).

- Integrità: coerenza tra le parole e le azioni del leader.

- Competenza: abilità, conoscenze e capacità di delegare.

- Coerenza: coerenza nell'azione e nel giudizio del leader.

- Lealtà: fedeltà alla missione ed esclusione dell'opportunismo da parte del leader.

- Apertura: possibilità per tutti di esprimersi senza coercizione.

"BLUE ANTIDOTE è una startup che mira a dotare la forza vendita delle aziende farmaceutiche di applicazioni per iPad. Queste applicazioni consentono alla forza vendita di comunicare meglio il valore dei prodotti sanitari offerti.

Come iniziatore del progetto, mi sono circondato di esperti con profili specializzati e complementari per creare e lanciare un prototipo. Ero fondamentalmente interessato alle competenze di ogni persona, sia che si trattasse di prodotti farmaceutici che di sviluppo software. Il team è stato costruito attorno a un progetto innovativo.

All'inizio i nostri incontri erano scambi molto intensi con molte spiegazioni. Tutti dovevano comprendere la propria missione. Il mio ruolo era quello di gestire l'orientamento di tutti. Per il progetto era fondamentale costruire la fiducia all'interno del team, con i clienti e i partner. Dovevamo dimostrare che avrebbe funzionato.

La startup è cresciuta al ritmo del feedback e del miglioramento continuo. Man mano che la startup cresceva, ogni membro del team diventava più autonomo. Saremo in grado di sviluppare nuovi progetti".

Augustin Terlinden – Fondatore – Blue Antidote

COME POSSO RISTABILIRE IL MIO RUOLO DI LEADER SE I GIOCHI DI POTERE HANNO PRESO PIEDE NEL MIO TEAM?

Come manager di un team con forti personalità, potreste sentirvi in difficoltà. Identificate ciò di cui avete bisogno per riposizionarvi: formazione, coaching, supporto gerarchico? È ovvio che attraverserete un processo di identiicazione per rafforzare la vostra leadership.

Per ristabilire almeno un rapporto paritario, non esitate a parlarne con il vostro manager. Spetta al leader aiutare il proprio team di gestione in un conflitto di leadership. Non c'è dubbio che la direzione sostenga i suoi team leader. Questo è fondamentale. Il dipendente, anche se è determinato a usare la sua leadership, deve capire che il manager è ancora il leader.

Aiutatelo nel suo lavoro, ma rifiutate il suo gioco di influenza. Potete anche invitarlo a candidarsi per una posizione di responsabilità. L'assertività aiuterà. Non tarpate le ali a un dipendente che sta crescendo. Aiutatelo a sviluppare uno spirito costruttivo, persino imprenditoriale. Fate emergere le idee nei laboratori di intelligenza collettiva: "La leadership condivisa può dare i suoi frutti" (Gibeault, 2012)

L'ESERCIZIO DELLA LEADERSHIP È MANIPOLATIVO?

La leadership non è manipolazione. Un manipolatore vuole raggiungere il proprio obiettivo esercitando influenza, senza rispettare la libertà di pensiero degli altri. La leadership è la capacità di influenzare gli altri in modo che accettino di mobilitarsi per una causa, un obiettivo, perché vi aderiscono.

La gente dà al leader un riconoscimento legittimo. Facendosi valere, il leader non esita a esprimere i suoi desideri con convinzione, ma senza aggressività. Il leader ascolta, accetta che ci siano opinioni diverse dalle sue. Cerca di gestire i conflitti e può esercitare il suo potere di negoziazione per trovare un rapporto vantaggioso per tutti.

COSA DEVE FARE UN LEADER IN UN'ORGANIZZAZIONE IN CUI LA LEADERSHIP NON È VALORIZZATA?

Iniziate facendo un passo indietro e ponendovi le domande giuste: accettate la vostra missione e i valori della vostra azienda? Partecipate con la coscienza pulita? Il vostro stile di leadership corrisponde a ciò che l'organizzazione si aspetta da voi? C'è fiducia reciproca? Vi manca l'esperienza?

Lavorate per sviluppare il più possibile le vostre capacità professionali e personali, e se non vi si aprono porte, se non trovate soddisfazione nel vostro lavoro, forse è meglio trovare un'azienda che si adatti meglio alla vostra personalità. E perché non creare il proprio lavoro?

STA A VOI DECIDERE!

Ecco un metodo e dei consigli in sei fasi per sviluppare la propria carriera in azienda e passare da manager a leader (Ram Charan e Stephen Drotter, 2010).

1. Non si può diventare manager senza prima saper gestire se stessi. Si tratta di fare un passo indietro per esaminare se stessi e migliorare le proprie capacità personali e professionali. Scoprite voi stessi gestendo progetti, ma non limitatevi all'ambito operativo. Chiedetevi spesso: "Perché lo sto facendo?", "Lo sto facendo bene?" e "Come posso farlo meglio"?

 **DA FARE**

Imparate a passare dall'essere un collaboratore efficace all'essere un manager. Imparerete come assegnare le responsabilità a ciascun membro del team di progetto.

2. Il secondo passo è gestire gli altri dando loro obiettivi e mezzi. Imparate a valutare il vostro team, a dare un feedback e a incoraggiarlo a fare meglio.

 **DA FARE**

Stimate le difficoltà e le risorse. Gestite giochi di potere (influenzate gruppi e coalizioni).

3. Farete un grande passo avanti se imparerete a gestire
   i manager. Si lascia l'aspetto operativo e si entra in un
   ruolo funzionale. Si impara a fissare obiettivi lontani
   dal campo e a gestire le relazioni tra i team leader. La
   vostra leadership sarà messa alla prova.

 **DA FARE**

Rafforzate le relazioni sociali, concentratevi maggiormente sulla gestione finanziaria e sul reporting.

4. Diventare un buon manager funzionale assumendo la
   responsabilità di un reparto. Consolidate le vostre
   capacità di gestione delle persone e del budget eccel-
   lendo nella gestione delle strategie dei dati.

 **DA FARE**

Conoscete l'ambiente dalla A alla Z. Stabilite una
visione. Portate il vostro team al livello successivo sviluppando il talento dei vostri collaboratori. Trovate
ulteriori risorse e procedure efficienti. Trasformate il
vostro team in un team forte e proattivo, pronto a
seguirvi. È tutta una questione di fiducia reciproca che
avete costruito insieme.

5. In secondo luogo, siete il direttore di una divisione.
   Dimostrate la vostra capacità di gestire più organizzazioni contemporaneamente. Diventate un attore
   strategico ancora più importante.

 **DA FARE**

Rimanete fedeli a voi stessi, alla vostra visione e ai vostri valori. Fate un passo indietro per curare le vostre relazioni sociali sia professionali che personali, per gestire lo stress e per alimentare la vostra visione. Prestate attenzione ai grandi temi e alle questioni etiche.

6. Infine, il manager. Basandosi sulla fiducia, la vostra leadership affida al team di gestione il compito di far funzionare l'organizzazione. Spetta a voi dare le direttive principali guidati dalla vostra visione e dai vostri valori conosciuti dal vostro team.

 **DA FARE**

Mantenete la vostra comunicazione chiara e fedele ai vostri princìpi, rimanete ottimisti e conservate il tempo e l'energia per incoraggiare i vostri collaboratori ad apportare cambiamenti. Tenete d'occhio il vostro ambiente e, se necessario, siate pronti a scuotere le cose avendo costruito una rete di supporto pronta a mobilitarsi per la vostra visione.

La carriera si costruisce con l'esperienza. La leadership può essere acquisita solo uscendo dalla propria zona di comfort e provando nuove sfide con responsabilità sempre maggiori.

PER ANDARE OLTRE

FONTI BIBLIOGRAFICHE

BAR-ON (Reuven), "Il modello Bar-On di intelligenza emotivo-sociale (ESI)", in *Psicothema*, 18, supl. , 2006, p. 13-25.

BLAKE (Robert.) e MOUTON (Jane), *La terza dimensione del management*, Parigi, Éditions d'Organisation, 1987.

CHARAN (Ram), DROTTER (Stephen) e NOEL (James), *The Leadership Pipeline: How to Build the Leadership Powered Company*, San Francisco, Jossey-Bass, 2011.

GETZ (Isaac) e CARNEY (Brian M.), *Freedom & Co: quando la libertà dei dipendenti rende felici le aziende*, Parigi, Fayard. 2012.

GIBEAULT (Diane), "Open Forum – Encouraging Shared Leadership and Accountability", in *Open Forum White Paper*, Parigi, Christine Koehler, 2012, pp. 13-17. http://www.forum-ouvert.fr

HERSEY (Paul) e BLANCHARD (Kenneth H.), *Management of Organizational Behavior: Utilizing Human Resources*, Englewood Cliffs, NJ, Prentice Hall, 1977.

KOTTER (John P.), "Che cos'è la leadership?", in *Harvard Business Review. Le leadership*, Parigi, Éditions d'Organisation, 1999, pp. 40-61.

KOUZES (James M.) e POSNER (Barry), *The leadership Challenge: How to make extraordinary things happen in Organizations*, 5a edizione, San Francisco, Jossey-Bass, 2012.

DIPARTIMENTO RISORSE UMANE, *Principi di gestione e leadership in Nestlé*, Vevey, Svizzera, Nestlé, 2009.

http://www.nestle.ch/asset-library/documents/jobs/
managementleadershp_fr.pdf

SCHINDLER (Paul L.) e THOMAS (Cher C.), "The structure of inter-
personal trust in the workplace", in *Psychological Reports*,
73(2), 1993, pp. 563-573.

VRIES (Manfred F.R. Kets de), "Archetipi di leadership e team
di gestione", in *Gestion*, Vol. 33, pp. 48-60, 2008.

ZALEZNIK (Abraham), "Manager e leader, come sono diversi",
in *Harvard Business Review. Le leadership*, Parigi, Éditions
d'Organisation, 1999, pagg. 62-87.

FONTI AGGIUNTIVE

CHERRET DE LA BOISSIERE (Anne), *Leadership au masculin et au
féminin. Le management aux valeurs mixtes: l'avenir de l'entre-
prise*, Paris, Dunod, 2009.

DEERING (Anne) e ROBERT (Dilts), *Leadership alfa. Le 3 A: antici-
pare, allineare, agire*, Louvain-la-Neuve/Paris, De Boeck,
2009.

DULUC (Alain), *Leadership e fiducia. Jouer collectif, parler vrai,
être humain*, 3ᵉ edizione, Parigi, Dunod, 2013.

KOTSOU (Ilios), *Intelligenza emotiva e management: comprendere e utilizzare il potere delle emozioni*, Louvain-la-Neuve/
Paris, De Boeck, 2012.

MAXWELL (John-C.), *Leadership, 101 principi fondamentali. Quello
che ogni leader dovrebbe sapere*, Quebec, A Different World,
2004.

ROBERT (Dilts), *Leadership visionaria. Strumenti e competenze
per un cambiamento di successo attraverso la PNL*, Louvain-
la-Neuve/Paris, De Boeck, 2009.

- Testa (Jean-Pierre), Lafargue (Jérôme) e Tilhet-Coartet (Virginie), *La Boîte à outils du Leadership*, Parigi, Dunod, 2013.

Vogliamo sapere da voi!
Lasciate un commento sulla vostra biblioteca online
e condividete i vostri libri preferiti sui social media!

IMPROVE YOUR GENERAL KNOWLEDGE
IN THE BLINK OF AN EYE!

www.50minutes.com

Master ISBN: 9782808608381
ISBN cartaceo: 9782808609593
Deposito legale: D/2023/12603/144

Design digitale: Primento,
il partner digitale degli editori.